NAMELESS ONE LYRICS

TraumLeben

Wie in den Träumen der Verwandlung

© 2021, Nameless One
Herstellung und Verlag: BoD – Books on Demand,
Norderstedt
ISBN: 9783754345825

Vor Beginn des Buches war mir klar, es sollte auf jeden Fall etwas; NEUES – ANDERES – werden!

Es soll etwas anders werden…

Aber wie soll etwas Neues, etwas Anderes nur gestaltet werden, wenn es doch auch mit Buchstaben und meinem Geist gefertigt wird!?

Ich kann natürlich keine neue Sprache entwickeln oder neue Reime verfassen im Sinne von „Dies hat die Welt noch nie gelesen"! aber ich kann mit meinen Gedanken und meinen Ideen beschreiben, was bislang noch nicht verfasst wurde.

Vor diesem Buch war mir lediglich dieser Gedanke im Kopf;

„ich komme zurück, im Gepäck trage ich Glück – Glück und zwar mehr denn je, die Zeit der Tränen sind passé… und so entsteht dieses Buch

Eintrag 1: Wie ein Adler

„Wie ein Adler, der gefangen war, so fühlte ich mich. Beim Aufsteigen in die Lüfte, selbst befreit – jedoch beim fast sicher geglaubten Abflug, riss ich mir eine Kralle aus und es zog mich auf den Grund zurück"!

Es ist bereits zum X-Mal, ja zum X-Mal ein neuer Versuch. Wieder mal eine neue Arbeitsstelle, wieder mal alles von vorn! Alles auf Anfang!

Wieder, schon wie gewohnt – werde ich gefragt;
„Wie ist es"!?
„Macht es Spaß"!?
Als ob es plötzlich, - nach den X-Versuchen der Erklärung, dass ein Job keine berufliche Erfüllung bringt… macht es also keinen Spaß!!!

Ich kann mein Wesen und meinen eisernen Willen als Autor, weder verdrängen, noch aufgeben, noch diesen Drang beschwichtigen. Nun also wieder ein neuer Arbeitsplatz. Dieser ist sogar mit reduzierten Stunden, also anstatt einem Beschäftigungsverhältnis auf Vollzeit – nur mit Teilzeit von 25 Stunden pro Woche besetzt!

Dennoch habe ich nach wie vor – Gedanken so vollgepackt mit meinem privaten Versagen!

Die Tatsache, dass mir schnell alles zu viel wird,
kann ich nicht abstellen!
Ich quäle mich täglich aufs Neue aus dem Bett!
Morgens bin ich schon so müde und platt!
In den Nächten gelingt mir kein störungsfreier
Schlaf!

Meine Gedanken machen mich so müde!
Ich verberge hinter all meinem Schmerz die Tränen,
welche mir so schwer auf der Seele lasten!

Die Idee mit einer textlichen Neugestaltung, der
Wille, welcher der Motivation anknüpft, sollte sein;
andere Texte zu verfassen. Es scheitert wieder
gerade ein weiteres Mal hier!

An so Tagen wie heute, habe ich kaum noch Kraft!
Ich kann nicht mehr!
Es ist der zweite Tag meiner neuen Arbeitsstelle, so
viele Informationen, so viel Input – als ob mein Kopf
nicht schon voll genug wäre!

Neue Verordnungen, neue Regelungen, neue
Ausnahmen, neue gesetzliche Bestimmungen...
etc...
Es macht mich so fertig am Tag, dass ich ständig
wieder Atemnot, „Schnappatmungen" verspüre!
Eine Art wie; zeitliche Panikattacken!

Diese bekomme ich, weil ich das Gefühl habe –
wieder auf zeitliche Dauer funktionieren zu müssen!
In dieser Zeit verliere ich mich!
Und es drängt und hämmert wieder die Angst im
Kopf, dass keine Zeit für mich am Tag mehr bleibt!

Meine Berufung, mein Traum, mein Wunsch –
Mein Feuer fürs Leben, das brennt es vergeht und
wird erstickt!
So viele Bücher, so viele Texte, so viele Ideen und
Visionen im Kopf. Bei Bewerbungen und Anfragen in
Redaktionen, Magazinen, Verlagen, Studios…
bekomme ich Absagen oder erst gar keine
Reaktionen!

Zuletzt die Absage für Buchvorstellung und
Interview; „Ich hätte noch keinen großen Namen"
… naja wenn man mir auch keine Chance gibt…

Bei aller Absicht, Dinge positiver angehen zu wollen,
ich schaffe es nicht mehr!
Es ist so frustrierend, es enttäuscht, es zieht mich
runter und zerstört jede Hoffnung und die
Euphorie!
Und nun wieder einmal mehr, an einem
Arbeitsplatz nach neuen Vorgaben, neuen Regeln
und wieder all das, was ich gar nicht wirklich will!!!

Mein Schädel ist so voll!
Meine Trauer, mein Leid – meinen Schmerz
überspiele ich schon sehr lange Zeit!
Nerven kribbeln im Kopf, am Körper –
Ich werde dies wohl ewig aushalten müssen!
Aber ob ich dies schaffe, das weiß ich nicht!

Es gibt aber auch keinen dem ich dies hier alles
erzählen könnte!
Therapeuten werden bezahlt, d.h. ich kann meinen
Scheiß zwar restlos ausschütten, kann ich genauso
gut aber auch hier!
Und ich mache es wieder auf meine Art und Weise –
Auf meine vertraute Art, ich beschreibe meinen
Zustand!

Die bittere Erkenntnis, all den Frust, die Trauer, den
Schmerz zu fressen, runterzuspülen – ist an
manchen Tagen so unerträglich, dass ich Gedanken
bekomme wie; „Was kann schlimmer sein als wie zu
sterben"!?
Dieser Gedanke befreit sogar! So traurig und es
auch nach einer Mahnung klingen mag!

Bei diesen ganzen Denkvorgängen tut mir mein
eigenes ICH und auch mein lyrisches ICH sehr, sehr
leid – denn das „Funktionierende-ICH" muss ja
ständig in Betrieb sein, scheißegal wie!

So quäle ich mich Tag für Tag durch dieses Leben!

Mir fällt es so schwer noch Freude aufzubringen,
geschweige denn zu empfinden.
Privates Versagen, Ehe liegt Schutt und Asche!
Mein Leben in Trümmern, beruflich immer schon
mein Leben lang durchgehalten!

Das eigene ICH – es leidet und blutet seiner
Wunden!
Aber es ist egal, denn Hauptsache die Funktion
meiner Person, meines Individuums ist
gewährleistet!

Die Gedanken und das Leben, sie ersticken mein
ICH!
Es hat kaum noch Platz zum Atmen!
Und bei allem Leid, kommen meist noch
vorwurfsvolle Aussagen wie etwa;
„Hast doch jetzt weniger Stunden"
„Hast doch eine neue Arbeit"
Bla, bla, bla…

Kosten, Kosten, Kosten … bezahlen!
Letztlich bin ich lediglich nur ein Mensch in der
Position von sämtlichen Verpflichtungen!
-Leistungserbring
-In der Schuld
-In der Pflicht

Aber dass ich leide, dass ich innerlich psychisch am Arsch bin, am Ende, am Abgrund, Exitus – es interessiert hier keine Sau!

Ich könnte unzählige Seiten wohl verfassen, aber nichts ändert sich!
Hauptsache JOB!
Hauptsache GELD!
Das innerliche Sterben, es ist scheißegal!

„Ich bin das Vieh und ich soll den Nutzen erbringen! Der Rest, er ist nicht relevant"!

Schmerz und Leid fördern Frust und Hass!
Alles im Gemisch verändert bzw. kann den Charakter verändern!

Jeden Tag die Abläufe und Wege, die ich so widerwillig doch gehe!
Was ist eigentlich die Hoffnung – dass mir meine Erfüllung des Traumberufes gelingt!?

Hatten doch all die tollen Lehrer/innen recht schon zu Schulzeiten, die da in meiner Kindheit schon meinten und mich der negativen Marke gebrannt haben;
„DU KANNST NICHT"!
„DU WIRST NICHT"!
„DU SCHAFFST NICHT"!
„DAS WIRD ZU SCHWIERIG FÜR DICH"!

Warum lässt mich meine Vergangenheit aus
Schultagen niemals los?
Warum hält sie mich so sehr gefangen?
Warum hat sie so einen Gefallen an mir?

Ein ganzes Leben existierend auf Scherben.
Alles angefangen, aber nix wirklich erreicht!
Abbrüche, Neuanfänge und nochmal, mal wieder,
schon wieder --- again and again!!!

Ich wünschte mir, es käme der Tag –
An dem sich alles bezahlt macht!
Für all das, wofür ich gelitten habe
Diese Hoffnung, ist mein noch einziger Antrieb!

Eintrag 2: Gottverlassene Dunkelheit

„Ich sehe keine hellen Leuchten mehr,
die gottverlassene Dunkelheit, sie macht mir mein
Leben schwer"!

Diese Welt ist ein Stück hartes Brot
Sie ist so schwer zu ertragen –
Und von Glückseligkeit bin ich –
Weit entfernt in diesen Tagen

Und sie sitzen alle nur so
Auf ihren Stühlen rum –
Labern in den Tag so dumm,
voll mit Blödsinn, trödeln in der Welt herum!

Die Zeit sie rennt nur so
Die Tage schießen vorbei –
Da ist wirklich, nicht viel,
was vom Tag am Ende übrig bleibt!

Lebensmomente

Am späten Abend bei Anbruch der
Dunkelheit sitzt er am Fenster.
Dieses ist einen kleinen Spalt
geöffnet.
Er lauscht dem allabendlichen
Rauschen der ein- und abfahrenden
Züge am Güterbahnhof.
Auch hört er die täglich preschenden
40-Tonner, sicher hunderte – auf der
nicht weit entfernten Autobahn.
Diese Geräuschkulisse bietet ihm im Sommer,
bei angenehmen Abendtemperaturen eine
Atmosphäre, um über Dinge nachzudenken.
Auch über Dinge zu grübeln, um Lösungen
Und Vorstellungen zu erträumen – welche der
Alltag,
nur in Ansätzen schon verschlingen würde!

Aber die Sonne...

Ich denke mal wieder über mein Leben nach – und
über die mir, so schwerfällige Abgrenzung!
Ich führe keine Berufung aus, sondern lediglich
einen Job. Bislang schon unzählige Jobs!
Ich muss beim Job in der Regel – 8 Stunden pro Tag
funktionieren, das bedeutet von morgens 8 Uhr bis
nachmittags 17 Uhr!
Das Ganze dann 5 Tage die Woche!
Mir fehlt während dieser Zeit meine wahre
Berufung, dies verursacht ein sehr starkes
Missempfinden. Dadurch werden depressive und
negativbehaftete Gefühle bestärkt.
Nach 17 Uhr, „funktioniere" ich noch in der
Beziehung! Meine wahre Berufung wird unterdrückt
immer und immer wieder!
Die Begründung lautet wie so oft dann;
„Ich kann kein Geld damit verdienen"!
„Es reicht nicht zum Lebensunterhalt"!
Da ich aber an meiner Lebenserfüllung festhalte
werde ich schreiben und auch immer
weiterschreiben! Blieben nun also Arbeitsplätze und
Menschen auf der Strecke! Menschliche
Beziehungen, die manch einen Preis gezahlt haben,
um meiner Berufung konsequent und permanent
nachzugehen zu können und wollen.
Ich schreibe Bücher, zwar verdiene ich keinen
Lebensunterhalt damit, wie bei den Jobs die ich
ausübe und mich über Wasser halten, aber es erfüllt
mich!

Alle reden immer; „Sei glücklich"!

„Wünsche dir alles Glück der Welt"!

Aber wenn man glücklich ist, so dass es einem doch gut ergeht, dann bekommt man es wieder zerredet!

Ich kann, will und werde mich – niemals damit abfinden können mein ganzes Leben nur zu funktionieren!

So ist mein Weg ein einsamer, finanziell eingeschränkt und enggestrickt – aber es ist mein Leben!

Mein Weg!

Meine Vorstellung von meinem Leben!

Gerade fällt Regen, es ist trostlos grau draußen an diesem frischen jungen Sommertag im August. So denke ich, auch die Sonne hat es nicht leicht, obwohl doch noch Sommer ist, fällt in einer Tour Regen und es ist so monoton-grau und alles erscheint in einer trostlosen Aussicht. Aber die Sonne wird wieder scheinen! Sie geht ja auch, trotz eines solchen Tages – niemals für immer!

Träume-Macher

Ich habe mein Leben lang schon –
Träumen und Ideen nachgejagt!
Gewartet auf den perfekten Moment,
ich verschenkte Tag für Tag!
Den Absprung aus dem –
„Heimischen Nest", schaffte ich sehr spät
Seit der Kindheit das Kind,
das unter die Räder gerät!
Auf der Suche nach Ideen –
Für ein neues Werk,
stapelt sich hinter mir die Vergangenheit –
Zu einem riesigen Berg!
Ich bin immer auf der Straße
Immer unterwegs
Nur so weiß ich, so fühle ich –
Dass das Leben sich bewegt!
Irgendwie und irgendetwas,
hielt mich immer über dem Wasser!
Viele gingen unter, sie saufen, kiffen, rauchen
Es waren keine Träume-Macher!
Dummschwätzer und Großmäuler
Allesamt gingen sie unter!
Trotzdem erscheint es mir,
als seinen deren Leben einfach bunter!
Ich hatte Träume, Hoffnungen –
Auch jede Menge Ziele!
Frust, Hass, Wut, Enttäuschung –
Tiefe Trauer tragen meine Gefühle!
Anderen finden nichts,

sie finden sich damit ab!
Das ist nicht meine Art von Leben!
Darum ziehe ich durch und lasse nicht nach!
Kein Glück jemals gepachtet
Im Pech, pur stetig übernachtet!
Träume und Hoffnungen habe ich noch –
Sie halten, ist mein Herz auch gelocht!
Wo ist meiner Welt,
finales Quartier!?
Irre ich umher und finde es,
niemals auf Erden hier!?
An der Stelle von
Kraft und Power –
Verzweifele ich so manches Mal,
dann texte ich in voller Trauer!
Ich sehe, ganz klar meine Ziele
Ich fertige meine Pläne –
Doch keiner sieht sie oder versteht sie!
Einsamer Wolf der ich bin, den sie nicht zähmen!

Wünsche sind Wünsche!

Ich wünschte, ich hätte im Leben –
Die Wünsche, die Träume –
Die mich leiten, und tragen,
aufbauen können
Keiner sieht mein fertiges Bild
Welches in meinen Gedanken entstand
Keinen interessiert es auch,
aber ich möchte keine Vorwürfe erheben!
Mir ist das Leben und diese Gesellschaft –
An jedem Tag einfach zu viel!
Da bleibt mir leider nur der Rückzug!
Allein sein, zum Schutz vom Herzgefühl!
Den Weg den ich gehe, das Ziel –
Welches ich habe und erreichen möchte
Heißt „KÄMPFE DAFÜR"!
Auch wenn du diesen Weg, ganz allein gehen
musst!!
Nur der Weg, das Ziel zu erreichen –
Spendet mir Kraft weiterzugehen!
Mit Trauer, Schmerz, Wunden und Narben
Und jetzt erzähl mir mal jemand –
Ich schaffe nix, ich halte nix durch und ich muss –
Eurer verdammten, verschissenen Norm jedes Mal
gerecht werden!
Jeden verdammten Tag –
Immer wieder aufs Neue stelle ich mich den
Schikanen
Eines Tages, dafür lebe ich,
daran glaube ich –

Wird sich jeder Schnitt auf Herz und Seele gelohnt
haben!

Davongeschwommen

Mutternatur hat schwer gelitten!
Katastrophen und Kriegsgebiete!
Tausende von Tränen trinkt die Erde –
Warum wahrt der Mensch keinen Frieden!?
Wälder werden gerodet und abgeholzt!
Lebensräume werden einfach genommen!
Friedliche Absichten und Menschlichkeit –
Sind im Strom der Flut davongeschwommen!
Was machen wir mit Muttererde!?
Totes Land ist unser Erbe!
Ein jedes Lächeln geht in Flammen auf!
Die Heimat unserer Kinder, sie geht drauf!
Der Himmel weint so viele Tränen,
welche die Erde nicht alle trocknen kann!
Und die Sonne hat ihr Lächeln verloren,
ich frage mich, „Wie es nur so weit kam"!?
Ich muss raus! Ins Leben zurück!
Immer weiter mit jedem Schritt!
Kein Weg ist zu weit, es bleibt noch Zeit!
Auf zur Rettung, mit jedem Stück!

Eintrag 3: Zurückspulen

Ich wünschte mir, es käme der Tag –
An dem sich alles für mich bezahlt mach
Für all das, wofür ich gelitten habe!
Diese Hoffnung ist noch mein einziger Antrieb!

Ich komme zurück!
Im Gepäck trage ich Glück!
So viel Glück und mehr denn je –
Zeit der Tränen sie ist passè!

Der dritte Arbeitstag bringt auch somit bei diesem
Arbeitsplatz das erste Wochenende mit sich.
Ich kann mich gar nicht mit klaren Gedanken auf
literarische Veränderungen fokussieren, zu viele
Pflichten, zu viele Termine und auch neu
zulernende Bestimmungen des Arbeitsplatzes!
Sie verwirren mich nahezu, fahren meine Nerven
wieder in einem Karussell!

Ich habe, wirklich keine Ahnung mehr, wie es alles
weitergeht, ich weiß nur, ich verberge Tränen und
überspiele jede Art von Schmerz!

„KÖNNTE ICH MEIN LEBEN ZURÜCKSPULEN,
ICH WÜSSTE NICHT WO ICH STOPPEN SOLLTE"!

Wie in den Träumen der Verwandlung

„Denn nichts schmerzt mehr –
Und so sehr, als wie wann man tagtäglich tun muss,
was man gar nicht will"!
„Und es schmerzt, wenn einem verwehrt bleibt, was
man unbedingt will – und das was man will auch
zum Leben braucht"!

Ich liege in Scherben, das Leben es ist ein einzig
großer Spielplatz verlorener Seelen!
Je tiefer du im Mist steckst, desto mehr lebst du –
„als seist du längst gestorben"!
Ich befinde mich wie – „In den Träumen der
~Verwandlung~

Auch ich habe in meinem bisherigen Leben schon
seit frühe Kindertagen Gewalt erleben müssen!
Es war in Form der seelischen Gewalt!
Als introvertierter und schüchterner Junge, habe ich
die Position als Außenseiter und als „Schwacher"
einnehmen müssen!

In all dieser Zeit entstand, bis heute hin reiner
Schmerz – Leid und Trauer!

Hinweg über viele Jahre habe ich dies nie
aufgearbeitet. Seit nun mehr als 15 Jahren verfasse
ich nun Texte, Erzählungen und Reime aus meinem
und dem gesellschaftlichen Leben!

Auch ich selbst habe Phasen durchlebt von Hass, Wut, Aggression und Frust!

Glücklicherweise muss ich oder will ich fast schon sagen, ja glücklicherweise – war ich schon immer aber ein friedliebender Mensch. Somit habe ich seit meinen Kindertagen die Gewalt nie als Option gesehen!

Nach einer Maßnahme zwecks therapeutischer Behandlung und selbstreflektierenden Schriftstücken, konnte ich einiges gar vieles aufarbeiten!

Aus meiner Erfahrung habe ich gelernt, erkennen zu können was mich zum Hass, zur Wut, zum Frust trieb und treibt!

Ausgrenzung, fehlende Wertschätzung führten mich auf die Schiene, vom ruhigen Außenseiter!

Ohne Selbstvertrauen, ohne Selbstliebe, auch das Scheitern mancher Wünsche und Ziele führten mich zum Frust!

Aus FRUST entstand AGGRESSION aus ihr folgte WUT und daraus resultiert im Gesamt HASS!

HASS auf mich selbst!

HASS auf die Gesellschaft!

HASS auf alles!

Hass! Vielleicht aus Verzweiflung, weil ich schon immer allein meinen Standpunkt vertreten musste – und weil ich auch oft unverstanden und nicht für ernst genug genommen wurde!

Mein größter Frust und Hass in dem Sinne, ist somit also zu sagen, dass ich meinen Traumberuf nicht ausüben kann!
Beruf – welches von Berufung stammt!
Ich verfasse Texte, publiziere Bücher via Selfpublishing. Derzeit sind rund 4000 Seiten aufgeteilt auf 40 Büchern veröffentlicht!
Dennoch kann ich davon nicht meinen Unterhalt leisten!

Ich übe also „Jobs" aus, dies frustriert und fördert meinen Hass, weil mir meine wertvolle Zeit davonläuft und genommen, gar vergeudet wird!

Aber was genau hasse ich!?
Unverstanden zu sein!?
Anforderungen anderer Menschen nicht zu erfüllen!?
Mein Versagen!?
Meine Vergangenheit!?
Keine geeigneten Ansprechpartner/innen zu finden!?

Bei allem Hass, bei aller Wut, Verzweiflung, Trauer, Tränen, Schmerz und Frust –
Mir bleibt nur eines übrig!

NIEMALS AUFZUGEBEN!

Für meine Träume, Ideen, Visionen und Ziele,
einfach alle Wege betreten und gehen!
All diese Stationen, die Niederlagen, die
Fehlschläge, auch vielleicht die kleinen Teilerfolge –
Diese verfasse ich in meinen Büchern mal in
lyrischer Art und Weise, mal selbstreflektiert und in
Erzählform.

Hass und Wut, kann also aus verschiedenen
Gründen entstehen und bei jedem Menschen zu
jeder Zeit sogar auftreten!

2 Arten

Als Buchautor sehe ich persönlich 2 Arten von „Erfolg"

Zum Einen, du berührst und erreichst Menschen aus Überzeugung und Herzgefühl mit dem Willen, von dir und deinem Leben, deiner Ansicht zu erzählen Zum Anderen, verfasst du Dinge, die inhaltslos, schwerpunktmäßig dünn sind, die kurz einen HYPE erlangen und wieder vom Vergessen gefressen werden!

Meine Art zu leben und schreiben, ist ganz klar die Erste!

Portal der Zeit

Ich bin kein guter Mann!
Ich bin auch kein guter Mensch!
Auch ich bin nur ein Reisender auf –
Irdischen Lebenswegen im Umfang der,
mir gegebenen Zeit, bis das Portal sich öffnet
und ich dann schlussendlich vielleicht eintreten
darf!

Kommt meine Zeit?
Bin ich schon vorbei!?
Bin ich denn längst drüber hinaus –
Lange, lange und viel zu weit!?

Stiller Dichter, permanenter Denker!
Schmerz und Verluste erlitten!
Nur die Hoffnung blieb,
doch gerät auch sie so manches Mal ins Wanken –
Dennoch folge ich ihren Schritten!

Was hält das Leben noch parat!?
Quält es mich bis zu meinem letzten Tag?
Manches geht Knall auf Fall und –
Schlag auf Schlag!

Lichtquelle des Lebens

Die Farbenpracht des Lebens
erscheint im Licht – Wenn die Dunkelheit am
Schlafen ist
Doch auch die Nacht bringt Leben an den Himmel –
in Form von vielen funkelnden Sternen

Kater Paul

War er ein Monsieur? War er ein Adel, war er ein
Sir? In Erinnerung, in den Memoiren der
Hauswand in dieser Stadt zum Gedenken an ihn
und auch seinen Lebensweg – wurden zur
Erinnerung an seine städtischen Rundgänge, die
Katzenluke im schönen Marmor gelassen, wie es
einst gewesen ist, Kater Paul

7:37 Uhr – Weg zur Arbeit

Auf der Suche nach Erfolg
Und zwar rund um die Uhr
Ich brauche kein beschissenes Gold!
Lebe bloß für meine Träume nur!

Ich blicke auf die Uhr
Sieben Uhr siebenunddreißig!
Ich bin drangeblieben, denn ich will siegen
Ich bin ehrgeizig, fleißig, das weiß ich!

Mein Wille er ist hart wie Stahl!
Das Durchhaltevermögen wie ein Klotz aus
Beton! Ich ziehe durch, lasse nicht locker!
Ich ziehe durch ohne Gnade, kein Pardon!

Verdammt nochmal!
Alles was mich runterzieht -
Dagegen schreibe ich meinen Text,
mein ganz, eigenes Lied!

Es ist an der Zeit, schon lange an der Zeit!
„Kurz vor nackig, Zeit zum Ausziehen"!
Kurz die Sachen packen und -
Dann einfach losziehen!

Da herrscht nur noch Druck –
In meinem ganzen Schädel!
Weil die Gedanken keine Pausen kennen
Weil sie ständig denken; „Wie ich hier
etwas einfädele"!

Druck auf den Augen
Dies kann mir echt keiner glauben!
Dies wünsche ich echt keinem!
Verdammte Scheiße, so fühle ich mein
Leben –
Aber es juckt hier halt keinen!

Inzidenz

Ich hau' mal wieder –
Wie gewohnt in die Tasten!
Du schau' mal weiter –
In deinen Flimmerkasten!

Du glaubst die Lügen?
Du glaubst die Intrigen?
Alles was sie dir frisch auftischen –
Alles was sie dir servieren!?

Zu deren Vergnügen –
Weil du, ohne nachzudenken
dich einfach „einlullen" lässt –
Ganz brav im Bettchen schon liegend!

News aus der Glotze!
Glaubst du das – zweifelsohne,
diese Rotze!?
Boah, man! Ich kotze!

Die berichten seit fast zwei Jahren von –
Ständig erhöhter Inzidenz!
Sorry, mich juckt`s nimmer mehr!
Werde bei der Unterrichtung schwenzen!

Ich lebe hier!
Zudem in meiner Welt!
Denn meine Fantasie man –
Sie kennt keine Grenzen!

Schau nur weiter!
Als weiter in die Röhre!
Dein Gesichtsausdruck –
Er verspricht bald gähnende Leere!

Diese ganze Covid-Scheiße man!
Sie verursacht bei jedem von uns ein
Trauma!
Ob ich an all den Dreck, 100 pro glaube!?
Ob ich wirklich all dem trau, na!!

„Auf keine Kuhhaut"!

Es geht meisterhaft –
Auf in die Meisterschaft!
Abgedichtetes Flachdach!
Deine Geschichte!? Sie ist lachhaft!

Langer Anlauf für den –
Absprung am Sprungbrett!
Das geht daneben, würde ich sagen!
Wenn ich's nicht besser wissen tät!

Deine Scheiße –
Ist mit all meinem Überwinden nicht zu
vergleichen! Zieh Leine!
Ach, komm geh weiter! Du hast keine Ahnung
von meinen Seiten!

Mein Leid und meine Qual
Alles was ich täglich hier ertrage
Erschöpfung und Lebensmüdigkeit –
Die ich am eigenen Leib erfahre!

Ich habe gelitten und geblutet!
Dies geht „auf keine Kuhhaut"!
Nerven sind überstrapaziert –
Ich habe abgebaut nach meinem Burnout!

So halte ich dies alles fest!
Belastend wie es ist –
Lebensm ü de f ü hle ich mich,
ich halte es fest in Wort und Schrift!

Auch wenn ich doch –
Ganz genau wei ß ,
dass das Leid beklagen –
keine Lebensrettung ist!

Da ist einfach –
Keine Rettung die naht!
Wei ß e Fahne – S.O.S.
Ich bin seelisch im Arsch!

F ü r wen oder was –
Verfasse ich das!?
Alles was ich erleide,
was ich habe, nimmt mir keiner ab!

Leid und Qual –
Hass und die Wut,
schon ein Leben lang vertraut –
ich kenn es schon so verdammt gut!

Eine Menge Zeit

Die Wochentage sind wie ein –
Großer Stapel Holz aufgereiht!
Sie werden im Feuer verbrannt –
Große Trauer um eine Menge Zeit!

Der Sand fließt unaufhaltsam,
durch unsere Lebensuhr!
Wege ins Nichts! Vergeudete Kraft!
Zeichen unserer Spur!

Was ein Leben! Welch ein Stuss!
Was man alles doch –
Tun und lassen kann und
was man nicht alles muss!

Im Zeitvergeuden sind wir groß!
Zeitverwaltung zum Nutzungszweck!
Wir beginnen, zeichnen, bewahren –
Wir vernichten, werfen vieles weg!

Zeitverschwendung beherrschen wir!
In aller höchster Klasse, beste Manier!
Leben das verloren geht –
Können wir nicht wieder einfangen!

Ich besitze nicht viel im Leben
Qual und Leid ist mir bestens vertraut!
Trotzdem bin ich froh zu fühlen –
So wie ich es tu, tief unter meiner Haut!

Im Zauber eines Sommers

Warme Sommerabende
Frische süße Düfte,
sie liegen in aller Luft verstreut
Ein sommerlicher Abend –
Im Zauber eines Sommers,
da fühle ich mich heut'

Es ist leicht schwül in der Luft
Eine frische Brise Wind
Wie herrlich kostbar und –
Lebenserfüllt, doch die
Sommerabende sind

Das Leben liegt ruhig im Abendhauch
Alles steht –
Nichts zieht –
Nichts vergeht
Ein Gefühl, als ob die Zeit –
Als ob das Leben
Wahrlich stillsteht!

RAP-Battle: Sechs'n'Achtzich

Intro/Replay:
Ich bin auf die Welt gekomm'
In Sechs'n'Achtzich!
Ey, ich hab' begonn'
Mein Ding! Des mach ich!
Ich schreibe nicht zum Spaß aller Tage!
Ich leb' die Sprache, weil ich was zu sagen habe!
Ich baller' Reime, ich knall' hier hin, alle Texte!
Während du das verarbeitest –
Lad' ich nach schon fürs Nächste!

Boah, ich liebe die Lyrik man!
Ich blüh' in ihr auf, wie`s kein Anderer kann!
Ey! Verdammte Scheiße!
Ich leb' tagtäglich mit neuen Sorgen!
Ich träum' leise voller Hoffnung auf'nen bess'ren
Morgen!
Ich hoffe und bete, dass es morgen noch ned zu
spät is!
Und dass all die Rotze und der Dreck –
Für's bess're Leben dann geklärt is!
Ich schreib' gegen all die negative Scheiße!
Möchte' doch positive Vibes hier in meinen Zeilen
verbreiten

Ich weiß dieses Leben is ned leicht man!
Doch verdammte Kacke, mir reichts bald!
Ich beginne, ich mach jetzt'nen Anfang!
Denn langsam aber sicher, ist meine Zeit dran!

Euer Gerede, euer Gelaber von Luxusproblemen –
Es kotzt mich echt, sowas von an!
Euer Leben vor der Glotze – des is kein echtes
Leben leben!
Ihr träumt von Alaska, Hollywood und Sri Lanka
und auch noch von Mauretanien!
Ihr glaubt echt, dass die Schlauheit euch auf den
Kopf fällt, doch's sind bloß, vom Baum über euch,
in harten Schalen, die Kastanien!

Ich bin eigentlich –
Total ausgeglichen und die Ruhe selbst!
Denn in der Ruhe liegt die Kraft!
Doch bei euch rastet sogar Buddha aus!
Bei all dem Brei und Dünnschiss, den ihr in der Welt
verzapft!
Wie die Spinne in ihrem Netz, so bin ich hier in
meinem Text!
Meine Auseinandersetzung mit der Welt
Was den Einen schockiert, ist was dem Andern halt
gefällt!
Mal brachial, rustikal, mal nett –
Mal hart und verletzend, manchmal ist echt alles
mies und so furchtbar ätzend!
Mal fein und geschliffen – Gediegen!
Bedacht und gefasst, mein Werk am Errichten – ich
bin drangeblieben!

Von mir und meinem Leben hat keiner von
euch'nen Schimmer!
Ihr labert bloß alle nur – „Alles wird gut"!

Doch in Wahrheit wird's noch schlimmer! Ey!
Ihr habt keinen blassen Dunst!
Für mein Leiden hinter mir, kreiere ich schriftliche
Kunst!
Warum ich nu so bin!? Genervt und
kurzangebunden!?
Weil meine Zeit mir wertvoll ist, ich biete nu ma'
Keinerlei Freistunden!

Habe mein Leben lang schon vom Frieden
geträumt!
Von meiner Seite aus, auch viel Platz bereits schon
eingeräumt!
Aber irgendwann, hatte ich kein' Bock mehr zu
zahlen und zu bluten!
Drum' wurd' ich genau so wie ich bin, nur noch gut
auch zu den Guten!

Ich weiß nicht, wie weit es noch geht!
Und ich sehne mich nach Hause!
Doch dieser Lebensweg scheint mir –
Als gäbe er mir keine Pause!

RAP-Battle: Modus – Stift und Zettel

Geht's mir scheiße, bin ich down!
Dann zieh ich mich hoch –
Durch meine Texte, meine Worte, meine Reime!
Denn ich spüre, dass ich lebe mit jeder Zeile, die ich schreibe!
Da gibt's Tage so wie heute, denn ich war tagelang im Down!
Jetzt beginne ich zu all den verlassenen Orten meiner Seele, wieder Brücken aufzubaun'!

Jeder Stein auf meinem Weg –
Ist eine Station!
Betrete ich ihn, bin ich auch –
Direkt schon in Aktion!
Attention! Please!
Und jetzt mach ich'n Lied an –
Dass bei mir die Mukke läuft!
Kann ja nicht sein, dass sich ohne den Einklang der Harmonie, das Problem anhäuft!
Dies hier ist nur zum Selbstverständnis –
Ich bin hin und wieder ein Musiktestcenter,
ja verdammt wie geil, man des bin ich!

Verdammte Scheiße, so viel an Zeit
Die brauche ich für mich!
Klipp und klar, so sag ich das!
Für ein und allemal – merkt des euch!
Es ist für mich, wie ein längst bestellter Tisch!
Mit meinen beschissenen Depressionen

Ist es ein ständiges Auf und Ab!
Lebenslanger Kampf für mich –
Um jede Wette, um den World-Cup!
Vor vielen Tagen habe ich mir – „Alles ist im Lot"
gewünscht!
Und da ist wieder Licht am Himmel, ich hab mir halt
diesen Trost gewünscht!

Ich habe echt kein tragbares Verhalten an mir!
In meim' Leben ist schon viel gescheitert, gepoltert,
zerbrochen, zersprungen – bis jetzt grade hier!
Ich will einfach zu viel!
Immer am besten gleich und auch sofort!
Das bringt mir wohl Frust und Wut!
Mein Gefühl im Dauer-Negativ-Akkord!
Message an mich selbst:
„Hey, immer mit der Ruhe Jung' –
Vieles erledigt sich von selbst"!

Dies ist kein Text für eine eventuelle Fan-Gemeinde!
Das is' ne Botschaft an –
All die Schmocks! Und die Feinde –
Und an die Feinde meiner Feinde!
So, ihr Schmocks und Kiddies
Packt euch'n Stift und'n Zettel!
Schreibt`s euch hinter eure Ohren –
Das hier is'n Rap-Battle!

Attention! Attention!
Take! And Action!
Hier fetzt es halt und's fliegen Brocken!
Bis Oberkante – Unterlippe, kommt dir's Kotzen!?

Replay:
An all die Schmocks
Und an all die falschen Leute!
Merkt's euch für die Zukunft –
Ich sag's einmalig nur heute!
An alle die, die mich fallen ließen,
wie die Kartoffel ins heiße Fett!
Auch wenn ich vergebe –
Da ist nix was ich vergess'!
Ich plane nun, bin in Vorbereitung –
Für meinen großen Tag!
Wenn ihr lange nix mehr hört –
Hört und spürt ihr auf jeden Fall –
Meinen Rückschlag!

BAMF, PKZ, KJC

Was hier in dem Land abgeht –
Ist echt nicht mehr normal!
Die sprechen hier von Integration!
-WIR SCHAFFEN DAS!!!-
100.000 verschiedene Nationalitäten und
Glaubensrichtungen, Konflikte, Reibereien –
In einem Haushalt! Geile Wohnsituation! Voll
normal!

Asylverfahren, Duldung, Abschiebung!
Aktenverwaltung! Alter Falter!
Wir sprechen hier von Menschen –
Keine industrielle Teileproduktion!

Sie verstehen leider kaum Inhalte!
Auch keinerlei Aufgaben!
Fremdes Land! Andere Regeln! Andere Gesetze!
Was ein beschissenes Durcheinander! Ich sag's
auf meiner eigenen Muttersprache!

Wie soll denn hier integrieren erfolgreich
gelingen!?
Wenn man die ganze Zeit vergeudet fürs
Überlegen; „Wie wir die Steine ins Rollen
bringen"!?

Fallmanager!
Sachbearbeiter!
Beratende Funktion, Ehrenamt –
Sozialarbeiter!
Anträge, Formulare
Bescheide…
Papier über Papier
Papierstau und so weiter!

Angehalten zur Abfertigung!
Ansprechpartner die aus –
Burnout-Symptomen wechseln!
In aller Wahrheit, so will ich diese Zeilen texten!

Deutschland!
Die BRD – sie verwaltet sich tot!
Doppelt und dreifach – NachweisG
Deadline! Hier ist die Prio – markiere sie rot!

Hinz und Kunz im
Standardverfahren!
Wir haben uns alle schon längst im –
Schriftverkehr, verzettelt und verfahren!

BAMF – PKZ – KJC
Lauter Bäume, dass ich den Wald ned mehr seh'!
Zertifikat, Prüfungstag – Einstufungstest!
Alles von vorne, vergiss den Rest!

Kurse und Module
Sprachkurse in der Sprachschule!
TestDaF, onSET, TestAS, tu dies, jenes und das!
Merke dir alles, dass du nix verpasst!

Alles ned mehr normal hier!
Ich box die Lüge wie Mohamed Ali
Ich spreche viele Sprachen – ich in „Multi"
Meine Kunst die Lyrik – sie ist „Kulti"

Hin und wieder mal passiert es mir
Ich verwechsel Kraftausdruck & Fachausdruck
Pardon! Verzeihe mir – Merci!
Vielen Dank, ich danke dir!

Manchmal ist halt ein Kraftausdruck –
So dumm es klingt, auch Kunst!
Und wenn er doch sogar noch etwas bringt,
bezweckt er gleichermaßen noch die Gunst!

Also verfickte Scheiße!
Meine Art der Schreibweise!
Kapierst du oder lass es sein!
Mein Text muss hier in der Ausdrucksform, so
hinterlassen sein!

Retoure!

Ich habe viel verloren!
Aus depressiven Gründen!
Glaube mir, vieles wäre besser –
Wenn die Sterne günst'ger stünden!

Doch es ist halt wie es ist!
Scheiße ist Scheiße –
Und Gold ist kein Mist!
Scheiße – sie stinkt fürchterlich!

Gibt nix mehr zu drehen!
Auch nix mehr zu wenden!
Keine -RETOURE-
Kein; -BITTE NOCHMALS VERSENDEN-

Vom Pech verfolgt
Wäre gerne unbekannt verzogen!
Bei der Nachfrage; „Adressänderung"
Hätte ich dann bewusst gelogen!

Take 2

Meine Reime, meine Sprachausgabe
Mehr als nur Training!
Dein Getue und dummes Gehabe
Du tust mir leid, du Träne!

Bei all den Deppen, die mir –
Begegnen in meinem Leben, da denk ich;
„Könnt doch schlimmer um mich stehen",
dass ich so bin und nicht wie die –
Ist ein wahrer Segen!
Prinzipiell, eigentlich ganz Cool am Leben!
Im Gegensatz zu denen!

Update Status:
Deren Ausgangslage –
Deren dummes Dasein ist,
deren eigene Lebensplage!
Die machen echt einfach alles fürs Geld!
Verkaufen sich selbst, die Leben in; ~DIE
VERGESSENE WELT~
Aber deren Leben ist kein Kult wie der
~JURASSIC PARK~!
Die sind beschränkt, nur deren Dummheit
ist verlässlich stark!

Die labern was von Gold besitzen und
Glauben sie wären Winnetou!
Es mangelt an Gehirnzellen; „Und Ey"!
„Hört mal zu"! Nicht nur an einem
fehlenden Schuh!

Während ich das hier verfasse –
Vergeht die Zeit wie ein Donnerschlag!
Kalender zeigt grad': Beginn der Woche –
Dabei wars eben kurz vorm Wochenende,
es war Donnerstag!

Bevor ich komme zu „Schicht im Schacht"
Und „die Klappe fällt zu" –
Schenk nochmal ein, gieß nochmal nach –
Come on, please take 2!

Noch eine letzte Message!
Ey Alter! Wenn ich dir eine Brücke bau –
Dann haste Zugang, Durchfahrt frei!
Vergiss von nun an jeden Stau!

Meine Sprache zu dir –
Sie ist ein wichtiges Instrument
Für dicke Luft, für wenn die Stimmung im
Gehege, mal wieder brennt!

5 Mio. Schritte

Ja's ist was,
dass echt an mir nagt!
Dreh' das Volume „beruflich" runter –
Des is' mehr privat!
Doch lass Papi einfach machen
Papi hat Visionen, Träume und Ideen
Kleines, ich möchte' dass für dich mehr –
Als nur Träume aus Sand bestehen!

Papi packt's an!
Ich kümmer' mich um all die Sachen!
Papa ist da! Ich lass dich nicht im Stich –
Ich werde alles nur für dich machen!
Papi ging im Leben bestimmt schon –
5 Mio Schritte, darunter auch Fehltritte!
Du bist mein Herz, mein ein und alles!
Glaube mir dies bitte, glaub es mir bitte!

Ich hätte mir gewünscht –
Ich könnt' für dich ein besserer Vater sein!
Doch mir fällt es mir selbst,
schon nicht immer leicht!
Doch meine Liebe und mein Herz –
Ist weil du doch da bist, erfüllt und so ganz
reich!

Ich will für dich das Beste!
Alles Glück auf deinen Wegen
Egal ob ich falle oder stehe
Du bist der beste Sinn in meinem Leben!

Auch wenn ich Trauer trage –
An zu viele meiner Lebenstage!
Sei dir gewiss, du bist und bleibst –
Das Beste für immer! Egal was war, was
noch kommt und was auch ist!

Kein Mensch ist ohne Fehler!
Merke dir dies gut mein Liebes –
Ich möchte von Herzen, dass du es leichter
hast als ich, bewege dich –
Frei – so wie im Wind die Feder!

Sei mutig und lerne all –
Deine Schritte selbst zu laufen!
Trage Liebe für dich selbst im Herzen!
Du wist sie hier im Leben gut gebrauchen
Papi will all deine Wege,
nur allzu gerne vorbereiten!
Papi geht mit dir und zwar –
So lange er kann an deiner Seite!

Doch bin ich leider nicht für ewig da!
Muss ich eines Tages gehen –
So viele Texte, die ich nur für dich schrieb,
sie bleiben für dich da

Mit einem kleinen Funken Hoffnung –
Kann so vieles entstehen!
Verliere niemals deinen Glauben –
Du wirst viele Wege bis zum Ziel auch
alleine gehen!

Puppenspieler

Es war einmal ein Puppenspieler
Er spielte für sein Leben gern
In jedem seiner Spiele –
War ein seiner Trauer fern!

Er mochte es in die Rollen zu schlüpfen
War auch das Lächeln nicht immer echt
In jedem seiner Puppenspiele
Hat er Trauer, Schmerz Tränen verdrängt!

Der Puppenspieler
Ich sah ihn irgendwann nicht mehr
Und so lachen nun nicht mehr die Puppen –
Auch die Kinder, sie vermissen ihn so sehr!

Und plötzlich nach langer Zeit –
So siehe doch mal einer an –
Da traf ich den Puppenspieler,
tatsächlich auf der Straße an!

Enttäuschung im Gesicht
Er wirkte traurig leer und geknickt!
Schade, denn bedeutet es wohl auch –
Das keine Puppe mehr ein Lächeln kriegt!

RAP-MODE

Manche Leute sind echt billiger als –
Wie ohnehin schon Rabattmarken!
Fette Werbung auf der Brust –
Die irgendwelche Trademarks tragen!

Ich hab' Bock dass die Fetzen fliegen!
Ich tauch' ein in den RAP-MODE –
Hardrhyme aus dem Life –
Des is`my Identity-CODE! Ya!

Ich steck' dich in die Tasche du Flasche!
FUCK UP! Man!
Mein Wortschatz ist so groß wie der –
Buckingham-Palast, mit 1000 Stadien noch dran!

Glaubste nicht!?
Ist gut für dich!
Schnauze halten! Große Augen machen!
Denn jetzt baller ich!
-AH-AH-AH-AH-AH -Ouh!

Biste auf der "Schlechte Laune" – Schiene!?
Miesepeter, den ich dir noch zu schiebe! HAHA!
Geile Scheiße, du hast keinen Plan!
Dein Leben is`n Drama! Du hast auf „Groß"
getan!

~SCHOKOFEE~

SPÄTSOMMERLICHE MARBRUGER
SOMMERZEIT –
PERFEKT DER FLAIR IN DEM MOMENT, IN
DEM ICH DIESE ZEILEN SCHREIB'

ICH HABE MICH GERADE GEMÜTLICH –
NIEDERGELASSEN IN DER ~SCHOKOFEE~
HIER IST EINE WIRKLICH GUTE ZEIT, UM
SEINE ZEIT ZU VERBRINGEN, BEIM „CAPPU"
ODER EINER TASSE TEE!

HIER ZU SITZEN, WAS SOLL ICH SAGEN –
ES LÄDT ECHT WAHRLICH EIN,
HARMONIE UND FREUDE – KÖNNTE DER
BESCHREIBUNG NICHT BESSER SEIN!

DER BLICK AUF DIE ALTE KAFFEEMÜHLE –
VOR DER WAND, AUF DER GEMALT „WIR
LIEBEN MARBURG" STEHT VERZIERT MIT
STADTBILD, GESTALTET DIR VOLLER LIEBE
UND IN ALLER SÜSSE DIR DEINEN TAG!

EINMAL HIER EINGEKEHRT
MIT DEM SOFOTIGEN GEDANKEN; „ICH
KOMME WIEDER"!
EINE WIRKLICH SCHÖNE PERFEKTE ZEIT –
ZUM SCHREIBEN NEUER TEXTE UND
LIEDER!

Land gesichtet

Das Ziel ist unbestritten –
Nach wie vor dasselbe!
Nur der Inhalt meiner Werke, er wird neu
ausgerichtet, es wird frisch aufgetischt –
Es wird auch neu gedichtet!
Es wird verfasst und geschrieben –
Bis das Kommando ertönt;
„Land gesichtet"!
Vergangenheit niedergelegt
Gestatten, fertig berichtet!
Mein Fokus gerichtet –
Auf das Jahr zwanzigzweiundzwanzig!
Weg von jedem Depri-Shit!
happy into the future, ich plane dies nun auch –
Auf lange Sicht!
Über Depressionen nun genug verfasst!
Mir langt dies jetzt!
Anderer Inhalt! Ich spanne mir ein neues Netz!
Neue Vision –
Meine Lebensmission!
Ich betrete den Weg und ich gehe jetzt –
Längst an der Zeit, schon etwas überfällig!
Die Zeit, sie ist wie sie ist!
Sie verfliegt so schnell und dann plötzlich
überfällt sie dich!

Sternen-Sitz

Ich stehe an einem vertrauten Platz
In den Abendhimmel weicht mein Blick
Wieder mal am Lenkrad – ich schaue in die
Ferne, von meinem Sternen-Sitz
Ich ziehe durch die Freiheit des Lebens!
Unter mir vier Räder!
Nur im Smog ersticken Träume,
denn da fällt das Atmen schwerer!

Mukke an! Ich drehe lauf auf!
Die Sterne bahnen und die Wölfe heulen auf!
Mit diesem wilden Leben –
Meine harte Zeit vergleichen
Gehe meinen Weg, setze meine Markenzeichen

Feder im Wind
Freiheit ist, wo auch meine Träume sind!
Nichts ist einfach – einfach klar!
Das wahre Leben, schon immer hart es war!
Smog auf der Lunge
Gestanden im Stau!
Mach die Gedanken frei!
Sonst ist aus – der Traum!

Ich muss bei allem was ich schreibe
Auch wirklich, meinen Nutzen ziehen!
Denn entweder im Loch verweilen –
Oder mit den Sternen in die Freiheit fliehen!

In schwerer Situation

Die Vereinigung, die Verträglichkeit –
In schwerer Lebenssituation und im –
Gesellschaftlichen Dreckszustand,
dies ist eine harte Zeit!

Zu wenig Geld zum Leben –
Leider hier schon chronisch veranlagt!
Gesellschaftliche Plage! Alles bleibt!
Gleicher Scheiß, gleiches Elend Tag für Tag

Der Karren er steckt fest –
Im tiefsten Dreck!
Es hilft dir niemand!
Du ziehst ihn nur allein weg!

Dir helfen hier nur –
Durchhalteparolen!
Fehler machen, aus ihnen lernen –
Doch bloß nicht mehr wiederholen!

Nichts ist wie; „So soll es sein"!
Alles ist hier so zum Schrei'n!
Es schreit in mir so laut, doch der Schrei
er verstummt!
Außer der Trauer, die über meine Lippen –
Kommt nix mehr aus meinem Mund!

Da ist kein Glückslos!
Da gibt's keinen Hauptgewinn!
Ich stecke in jedem Stück –
Tief in der eigenen Haut doch drin!

Keiner nimmt hier mal Rücksicht!
Aber eins sage ich euch –
Und ich schwöre es auch!
Geht's euch mal scheiße, seht ihr nur noch
mein Rücklicht!

Ich trage eine Bürde
Die ich schwer allein schaffen kann!
Bitte lieber Gott, schenke mir Abhilfe von
Zeit zu Zeit!
Bitte stärke all meine Zweifel, meine Angst
und auch die Panik –
Mit deinem Dasein und
Mit meinem Glauben an dich!

Spiel des Lebens
Es gewinnt, wer auch wagt!
Liebes-Leid!
Einer lacht, einer zahlt!

Bestellung getan
Rechnung erfolgt!
Dauerauftrag, Eilexpress
In Norm und Form des Zwangs-Exzess

Kein Platz mehr für farbenfrohe Träume –
Fertiggestellt sind nur graue leere Räume!

Einfach mal still dasitzen
Und die verdammte Decke anschweigen!
Zu hoch der Druck vom –
Schmerz all meiner Leiden!

Mein ganzes Leben –
Alles andere als ein Traumparadies!
Meine Wege sind harter Beton –
Schwarz die Tränen, welche ich vergieß'

Groß geworden mit Deutschunterricht!
Worte und Sprache, denn ich hasste Mathe
Ich habe geteilt, abgegeben und verschenkt
Und heut!? Ja, fehlt mir die Patte!

Je älter du wirst –
Desto mehr denkst du auch nach!
Du lässt dich nicht mehr verarschen, so
leicht, - so viel ist klar!

Das Cola-Bier

Wieder mal sitz ich hier
Vor mir das Glas mit Cola-Bier
Und ich versink' in meine Träume
Meine Hoffnung trocknet die Tränen in mir!

Ich tauche jetzt mal ab!
Schalte einen Gang eben mal runter!
Betanke meine Seele mit neuem Glück –
Mit des Stoff Werkes Wunder!?

Ich habe grad' noch nicht einmal dabei,
meinen Block und meinen Füller!
So bekritzele ich hier grad' ein
Monatsmagazin, für diesen Reim, an
diesem Tag, dies ist mein Lückenfüller!

Auf dem Heft hier steht etwas von;
„SEPTEMBER-PROGRAMM"
Welch ein Zufall, was!? Weil, auch mein
Werk und Programm steht am Neuanfang!

Ich bin halt jemand der –
Der durch seine Zeit hier reist
Auf der Reise durch die Zeit,
suche ich nach meinem feien Geist!

Hin und wieder mal
Gerät er mir unter die Räder
Weil das Leben im Durchzug schießt
Und mein Geist dann leider entgleist!

Dieser Segen, zugleich auch dieser Fluch –
Alles vermischt im Text, in diesem Buch!
Mir scheint, als könnt' ich niemals fliehen!
Auf ewig bei mir selbst zu Besuch!

So trage ich meine Hoffnung durch,
des Lebens großes Leid!
Irgendwann dann kommt die Zeit –
Mein Lichtblick, der mir zumindest bleibt!

Prost „Uah" – Der erste Schluck!
Der Stich in die feine Schaumkrone
Ich schreibe mittlerweile gern mit „Alk"
Doch ich weiß, ich kann auch ohne!

Es ist wie des Genusses –
Besonderer Kick!
Mit jedem Schluck, ich mich weiter auf die
Reise schick'!
Mit jedem Schluck,
so öffnet sich auch in mich hinein,
ein weitoffener Blick!

Lebensecht und auch so nah –
Schritt und Stück!
Ich kann nicht mehr ohne,
ich muss mit der Lyrik!

So bekritzele ich hier das Heft,
das Magazin für SEPTEMBER
Welch ein kleines Zeichen –
IT´S MY LIFE! I REMEMBER! YAY!

Das Schreiben in Gaststätten und Bars
Es hat doch einen besonderen Flair –
Hier purzeln förmlich, fallen Wörter von
der Seele, die beklemmen mich sonst so
steineschwer!

Während ich dies hier so verfass'
Weiß echt keiner, was er in mir verpasst!
So verstreicht hier die Zeit, wie gesagt –
„Ich bin ein Reisender durch die Zeit"!
Gleich sind alle freien Stellen –
Von dem Magazin hier vollgeschrieben!
Zeilen die sich lohnen –
Meine Trauer und die Hoffnung, die sich
nun in den Armen liegen!

Extended-Version;
Vorm Verlassen des Lokals, fragt die
Bedienung noch etwas –
Ich sage; Bitte dies und das!
Nach Kaffeegetränken und Cola-Bier, sag
ich einfach so weiter hier –
So geht s Runde für Runde, Stunde um
Stunde
Als ich gehen möchte, fragt sie; Darfs noch
was sein▢!?
Ich antworte; Ja, bitte bisschen Glück für
mein Leben, bitte Verständnis, dafür dass
ich doch auch täglich bete▢ Tränen und
Gefühlsausbruch, so ich glaub;
Ich geh jetzt besser mal Nach Haus

Deppen die „steppen"

Ich sehe so viele Deppen
Die mir hier begegnen –
Die ihres Fußweges,
keine eigenen Schritte treten!

Und die über ihren –
Gang des Werdens,
einfach keinerlei
Gedanken pflegen!

Auch nicht über Können, Sein, Bildung
Und kein Hinterfragen!
Die einfach keinerlei
Bemühungen hegen!

Arme Deppen –
Alle die, die hier vorbei „steppen"!
Echt arme Welt –
Ich kann nicht alle retten!

So verstreicht die Zeit
Menschen ohne großen Willen!
Die geben mir Anreiz zum Texten!
Ich kann das Schreiben niemals stillen!

Es sind so dumme Fratzen!
Die sich nicht die Bohne kratzen!
Sie glotzen nur dumm aus der Röhre!
Da nutzt auch kein täglich frisches
Waschen!

Mein Schreiben wird durch die –
Wohl bemerkt immer besser HIGH LEVEL
Ich verfasse das hier nicht zum Spaß!
Stand, Land, Fluss – EXPERTEN-TRAVEL

Arme "Leude"
Echt arme Idioten!
Ich will nicht provozieren, nicht beleidigen,
doch so viel Verschwendung gehört
verboten!

Wenn ich von manchem Depp –
Das hohle Geschwafel hör'
Ich sag's gerade raus, wie ich's mein –
Man ich schwör'!

Die Probleme, die die haben –
Hätte ich die –
Dann hätte ich keine, ihr habt eure
Meinung und ich die meine!

Beat zu Ende –
I'm always ready!
Ihr seid am Exit!

Ich wünsche euch –
Trotzdem Frieden, machts nicht wie die
Briten –
Vermeidet euren Brexit!

Du

Du bist versunken in –
All den Niederlagen
Du hast mehr an Leid,
als es ein Mensch erträgt erträgt ertragen!

Du stehst immer noch –
Mit deinem Kopf hoch!
Härte entsteht unter vielen Tränen
Bitte glaube mir das!

Und bevor du jemals aufgibst
Wirst du Berge versetzen
Das ist deine Stärke –
Glaube mir das!

Gelebt, gelitten, geweint!
Verfasst all die Dinge –
All die Zeilen, welche das Leben,
in der Wahrheit wirklich, im Reim beschreibt!

Das ganze Leben ist ein reines –
„Knocking on heavens door"!
Nach allem Untergang –
Wie oft standest du schon vor dem Tor!?

Never give up!
Das ganze Leben ist –
Und es bleibt
Ein permanentes Auf und Ab!

ACHTUNG!!!

NUR FÜR STARKE NERVEN – KANN VERSTÖREND WIRKEN

ZU MEINEM LEID

IN DIESER GESELLSCHAFT!!!

Eintrag: Aus den Träumen der
Verwandlung

Jeden Morgen erwache ich aus dem Schlaf.
Viel mehr erwache ich aus meinen
Schlafstörungen!
Ich erwache, bin „schlagskaputt" und auch
todmüde!
Ich qäule mich durch den Tag. Mir bleibt
leider keine andere Wahl, als über mein
Elend, mein Leid zu schreiben! Da ist keine
Möglichkeit über positive Dinge zu
schreiben!

Dieses Leben, es quält mich so sehr! Jeden
Tag erwache ich meines Lebens. Aber im
Prinzip ist es gar nicht mein Leben! Mir
kribbeln die Nerven, es zittern die Hände.
Belegt ist meine Stimme, es verschlägt mir
die Sprache, ich bin depressiv gestimmt!

Meine Nerven zucken in den Gliedern
meines Fußes! Die linke Hand ist oft wie
taub und schlaff!
Symptome mit denen ich mich täglich
auseinandersetzen muss. So gehe ich
täglich zum Job! Druck auf den Augen, ich

sehe Art Schliere und habe ein Kribbeln in der linken hinteren Hirnhälfte. Alles nix neues, bekannte Leiden schon so lange Zeit!

Unter diesen psychischen Beeinträchtigungen quäle ich mich und funktioniere in meinem Alltag!
Ich bin mittlerweile so lebensmüde geworden in all den Jahren. Jemand der dies nicht fühlt, nicht erleidet – kann nicht nachempfinden, wie es ist so leben und funktionieren zu müssen!

Darum bekomme ich – und so staut sich, - meine Wut, mein Hass gegen diese Welt!
Gegen diese leistungsorientierte Gesellschaft!
Manche Leute machen mittlerweile 2 Jobs oder mehr, um ihr Leben oder viel mehr ihr Dasein unterhalten zu können!
Ich bin es so satt!

Ich zerstöre meine Gesundheit, meine Existenz, welche beeinträchtigt wird –
FÜR WEN ODER WAS EIGENTLICH!?!?

Diese beschissene, verdammte Pflicht funktionieren zu müssen, beruflich aktiv zu sein! Die Gesundheit jedes Einzelnen, die ist so was von SCHEISSEGAL!

Es gibt so viele Tage, an denen ich nicht mehr kann! Weil mein Kopf so verdammt voll ist!
Er ist überfüllt, überreizt mit all dem gesellschaftlichen Schrott!
Gedanken die sich verstricken und mein Körper der resigniert, verkrampft, total verspannt – wissentlich dass meine Lebenszeit vergeht und ich geschrottet bin, psychisch, seelisch, sowie körperlich nun beginnend!

Schlafstörungen vermehren sich! Übelkeit, Schwindel, Sodbrennen!
Lustlosigkeit und Desinteresse steigt permanent!
Mir ist mittlerweile so vieles total egal geworden!

Mein, in der gesellschaftlich, betrachtetes Verhalten, meine Ansichten sind nicht tragbar! Ich gehe nicht Regelkonform!

Denn dieses System ist erschaffen und
konstruiert nach jeder Form und Norm!

Ich fühle mich einfach nur müde! So endlos
müde!
Mein Körper gibt mir Zeichen und Signale,
dass ich sehr weit am Ende bin!
Kraft und Energie zu sammeln, zu tanken...
es fällt mir augenblicklich sehr schwer! Es
ist geringfügig nur noch möglich!

Aber wem oder warum schreibe ich dies
alles nieder!?
Es hilft mir ja, sowieso niemand!
Man kommt allein, leidet allein –
Man stirbt allein!
Es ist so belastend, so erdrückend,
tagtäglich mit diesem Gefühl, mit diesen
Gedanken, Zuständen gar leben zu müssen!

Starke Kopfschmerzen, Übelkeit häuft sich
in letzter Zeit. Ich weiß gar nicht mehr an
was ich noch glauben soll! Geschweige
denn, will oder kann!

Ich weiß auch gar nicht mehr, welcher
Punkt meines Lebens – mich am meisten
schmerzt oder belastet!
Das Scheitern!?
Das Nichtversuchen!?
Die Ängste!?
Das Gerede!?
Ich weiß es nicht mehr...

Ich habe Träume, Ziele und Visionen
An denen arbeite ich doch alltäglich!
Gesellschaftliche Lage, der Druck –
Die Fremdbestimmung, es quält mich!
Es raubt mir die Kräfte!
Es ist so unerträglich geworden all die
Jahre über!

NUR DIE EIGENE WILLENSKRAFT –
HÄLT MEINEN KOPF ÜBER WASSER!
JEDEN BESCHISSENEN TAG – TAG FÜR
TAG!

Gleich geht wieder der Job los, ich könnte
weil ich den Drang verspüre, als
weiterschreiben!
Wieder überkommt mich Übelkeit und
Augen die schmerzen mir sehr!

Egal was ich morgens auch versuche, was
ich esse oder lasse –
Sodbrennen, Übelkeit!
Sie treten ständig auf!

Wo ist nur meine Kraft!?
Wo ist der Glaube ans Gute!?
Ich bin so müde!
Einfach nur so – schrecklich müde!

Kein Schimmer mehr von Hoffnung?
Mit meiner Kraft am Ende!
Muskeln krampfen, die Seele –
Sie quält sich und erträgt Kummer und
Leid!

Das Leben schmerzt!
Die Zeit sie schmerzt!
ich bin so müde –
Ich scheine keinen Ausweg zu finden!

Es ist so mühselig
Herz und Seele tragen offene Wunden!
Und das Leben es schleift mich –
Weiter auf rauem Asphalt, durch die
Gegend –
In der Zeit, in der ich funktionieren muss!

Keiner weiß was ich fühle!
Was ich wirklich durchlebe!
Wohnsituation, ist derzeit ein Loch!
Ich frage mich; „Wie tief kann man sinken,
wie lange halte ich es noch aus"!?

Aktuelle Beschwerden:
Hoher Puls, Muskelverkrampfung
Abgeschlagenheit und Müdigkeit
Innerliches Zucken und Kribbeln der
Nerven

Kopf nicht hängen lassen Junge!

Harte Bürde
Schwere Last
Sehr tief gesunken, doch –
Ich hisse die Fahne, bis ganz oben am Mast!

Vielleicht –
Muss ich erkennen,
den Sinn verstehen, dass alles leichter ist –
Wenn du nichts mehr zu verlieren hast!

Abgeschrieben!
Abserviert!
Aufgeben ist keine Option!
Auf harte Arbeit, folgt wohlverdient auch
der Lohn!

Ich baue meine Träume!
Und ich gestalte sie!
Die Lyrik unterstreicht und –
Die Lyrik festigt sie!

Nichts ist vergebens –
Wenn du alles versuchst!
Nur wenn du Einsatz zeigst,
besteht die Chance, dass du Erfolg
verbuchst!

Ja, es ist schwer –
Nach einem Absturz wieder Fuß zu fassen!
Doch nur wer aufsteht,
der kann es zum Ziel auch schaffen!

Ich denke an fast nix anderes mehr,
als wie an den Tag der Tage meines Lebens!
Revanche! Vengeance!
Kein Kampf und kein Durchhalten, war
vergebens!

Ohne Wille kein Fleiß!
Ohne Einsatz kein Preis!
Für Ziele musst du kämpfen!
Umsonst erhältst du lediglich Schrott und
Scheiß!

Und immer, wenn ich nicht mehr kann –
Dann schaue ich zu dir nach oben, höre
deine Worte
„Was nutzt es –
du darfst den Kopf nicht hängen lassen
Junge"!